Valoir Mutombo Monga

Un voyage pour conduire les enfants vers la santé spirituelle

Valoir Mutombo Monga

Un voyage pour conduire les enfants vers la santé spirituelle

Manuel de formation du moniteur de l'école du dimanche

Éditions Croix du Salut

Imprint
Any brand names and product names mentioned in this book are subject to trademark, brand or patent protection and are trademarks or registered trademarks of their respective holders. The use of brand names, product names, common names, trade names, product descriptions etc. even without a particular marking in this work is in no way to be construed to mean that such names may be regarded as unrestricted in respect of trademark and brand protection legislation and could thus be used by anyone.

Cover image: www.ingimage.com

Publisher:
Éditions Croix du Salut
is a trademark of
Dodo Books Indian Ocean Ltd. and OmniScriptum S.R.L publishing group

120 High Road, East Finchley, London, N2 9ED, United Kingdom
Str. Armeneasca 28/1, office 1, Chisinau MD-2012, Republic of Moldova, Europe
Printed at: see last page
ISBN: 978-620-6-17023-5

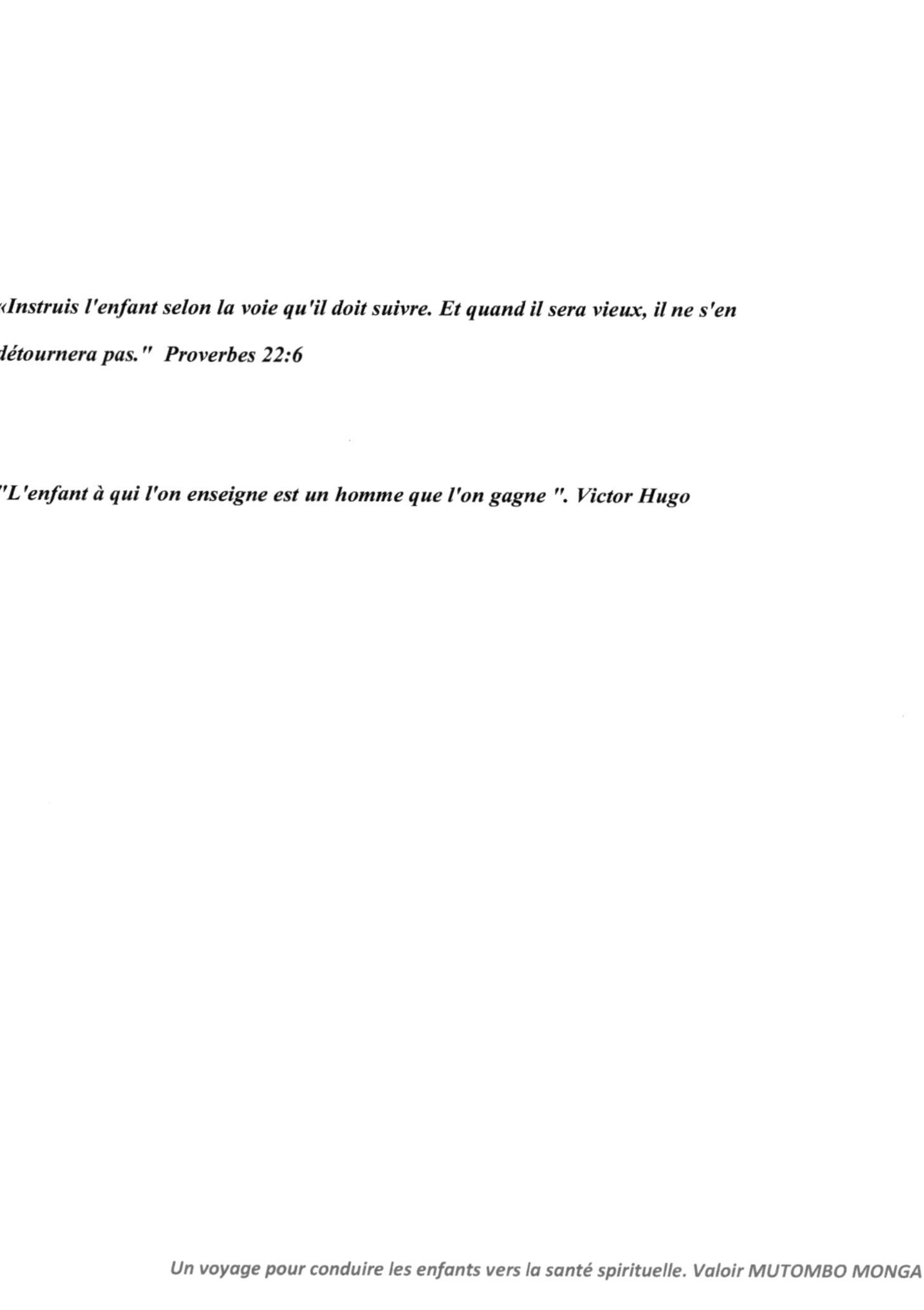

«Instruis l'enfant selon la voie qu'il doit suivre. Et quand il sera vieux, il ne s'en détournera pas." Proverbes 22:6

"L'enfant à qui l'on enseigne est un homme que l'on gagne ". Victor Hugo

Préface

Après avoir passé de longues années comme moniteur et directeur de l'école de dimanche, nous avons vite compris que Dieu nous utilisait fortement pour transformer le ministère auprès des enfants. Tous nos moniteurs et monitrices aident d'autres écoles de dimanche à se développer. Leur amour et leur engagement envers l'Eglise sont indéniables.

La croissance spirituelle ne dépend pas d'un programme, mais d'un processus bibliquement équilibré.

Les encadreurs des enfants sont appelés à développer un ministère sain et durable pouvant leur montrer comment construire un fondement solide, biblique et équilibré pour atteindre les enfants et en faire des disciples de Jésus.

Bien qu'il s'agisse d'un manuel théorique, nous pensons que les Églises et les écoles de dimanche s'en serviront pour la formation de futurs ministres auprès des enfants.

Il s'avère que les enfants qui grandissent dans un processus intentionnel et équilibré de la formation des disciples sont moins susceptibles de quitter l''Eglise à l'âge adulte et deviennent très souvent des leaders de l''Eglise. Plus de la moitié de notre personnel a grandi à l'école de dimanche.

Ce manuel contient deux grandes parties dont l'école de dimanche et l'enseignement des enfants, et traite des notions sur les enfants et l''Eglise, les dirigeants des enfants, la structure, l'organisation et l'administration de l'école de dimanche, la discipline à l'école de dimanche, la protection de l'enfant et les activités de l'école de dimanche.

En étudiant ce document, vous découvrirez toutes sortes de moyens pour mettre en oeuvre les principes permettant d'amener les enfants à la maturité spirituelle.

Ayez le courage de mettre en pratique ces idées et cela révolutionnera votre ministère

Un voyage pour conduire les enfants vers la santé spirituelle. Valoir MUTOMBO MONGA

auprès des enfants.

Soyez au service de la volonté de Dieu dans votre propre génération.

Dr Valoir MUTOMBO MONGA

EVANGELISTE et FORMATEUR D'ENCADREURS D' ENFANTS ET DE JEUNES.

PREMIERE PARTIE:

ECOLE DE DIMANCHE

I. GÉNÉRALITÉS

<u>DÉFINITION</u>

L'école est un lieu où l'on apprend à l'élève à s'intégrer dans la société. Toute école a un objectif précis. L'école de dimanche est une école d'un jour dans la semaine et ce jour est le jour du Seigneur.

Elle est un ministère motivé par l'essentiel auprès des enfants qui consiste en un processus intentionnel et équilibré conduisant les enfants vers la santé spirituelle.

On apprend aux enfants les récits bibliques, les louanges, à prier, à connaître le Seigneur Jésus comme leur Seigneur et Sauveur Personnel. Elle fait partie intégrante de la vie de l'Eglise et en est le moyen de transmission de la foi d'une génération à une autre.

<u>ORIGINE</u>

Il est nécessaire de souligner que l'école du dimanche a existé d'une manière ou d'une autre; qu'elle n'est pas seulement une réalité d'aujourd'hui. Des exemples bibliques nous font connaissance de cela.

- Moïse recommande au peuple juif de transmettre et d'enseigner les lois de Dieu à leurs enfants (Deutéronome 6:6-7)

- Les enfants ne sont pas exclus quand on parle de l'enseignement des lois de Dieu (Deutéronome 31:12-13)

- À un certain âge l'enfant sera confié plus au père, mais aussi à d'autres éducateurs et ceux qui sont chargés d'enseignement sont appelés "pères" (Juges 17:10).

- L'éducation dans l'Eglise est un commandement de Dieu

- L'éducation chrétienne est au-dessus de toute autre éducation.

L'ECOLE DU DIMANCHE, le plus grand movement laïc depuis la Pentecote, fut fondée en 1757 par un laic, ROBERT RAIKES. Né en 1736, il fit un apprentissage chez son père , un imprimeur qui fonda le journal de Gloucester. Après la mort de son père en 1757, il reprit en main l'édition du journal , lui apportant sa touche personnelle en élargissant sa taille et en ameliorant sa presentation.

CONDUIRE LES ENFANTS

Le leadership est la capacité à motiver les personnes à vous suivre vers une destination. Pour les enfants, nous n' exerçons pas le pouvoir sur eux, mais les guidons dans leur voyage, sans les pousser ni les tirer. Bien que nous ayons un objectif clair et une destination précise, chacun d'eux est unique, et son voyage le reflétera.

Les enfants auront des questions et traverseront de périodes de doutes à toutes les étapes de leur développement spirituel. Aidons-les à trouver des réponses au fur et à mesure de leur croissance.

En les guidant, nous voulons qu'ils apprennent à connaître et à comprendre la Parole de Dieu, mais à découvrir comment vivre leur foi dans tous les de la vie.

L'école de dimanche est un corps qui intègre les cinq principaux objectifs de Dieu pour l'Eglise:

- Adorer (Matthieu 22:37; Matthieu 4:10; Psaumes 34:3; Romains 12:1)

- Appartenir (Ephésiens 2:19)

-Grandir (Matthieu 28:20; 1Pierre 4:10; Ephésiens 4:12)

- Raconter (Matthieu 28:19)

CINQ QUESTIONS CLÉS

Pourquoi votre ministère existe-t-il?

Où en êtes-vous actuellement et où allez-vous?

Qui voulez-vous atteindre?

Comment conduirez-vous les enfants vers la santé spirituelle?

Quels sont les éléments principaux nécessaires au développement de votre stratégie?

Un voyage pour conduire les enfants vers la santé spirituelle. Valoir MUTOMBO MONGA

Le travail à l'école de dimanche se résume en la formule ci-après:

Mission: servir Dieu pour former des **serviteurs** de Dieu, **Public cible:** Enfants

Engagés pour Christ, **Chemin/programme**: enseignements dispensés pour **former des**

disciples de Jésus.

Nous devons faire bon usage de toute occasion car les moments décisifs créent des

opportunités et chaque opportunité dure un temps limité (1Pierre 4:10).

L'appel de chacun de nous à servir Dieu est un moment décisif de notre vie.

Un ministère motivé par l'essentiel auprès des enfants est un processus intentionnel et

équilibré de formation de disciples qui conduit les enfants à la santé spirituelle.

Quatre éléments importants clés ressortent de cette définition:

-**La santé spirituelle**

- **L'équilibre**

- **L'intentionnalité**

-**La formation des disciples**

L'école de dimanche conduit les enfants vers une destination ou un objectif: **"la santé**

spirituelle". La beauté de cette formation spirituelle est qu'elle engendre une

transformation de vie.

Pourquoi l'existence de votre ministère?

Proverbes 19, 21: "il y a dans cœur de l'homme beaucoup de projets; mais c'est le plan

de l'Éternel qui s'accomplit.

II. LES ENFANTS ET L'ÉGLISE

Depuis l'Ancien Testament, les enfants avaient de l'importance et de la valeur dans l'Eglise.

a) IMPORTANCE DES ENFANTS DANS L'ÉGLISE

Esdras 10:1; Néhémie 12:43; Deutéronome 31:12; Marc 10:13.

Les enfants sont membres de l''Eglise d'aujourd'hui et responsables de l'Eglise de demain.

b) LES BESOINS DES ENFANTS

L' enfant a besoin de beaucoup de choses:

- Connaître la Bible

- Être sauvé

- Être rempli du Saint Esprit

- Savoir comment rencontrer Dieu à travers la prière

- Prendre de bonnes décisions dans sa vie

- Vouloir aussi entrer dans les louanges et adorations

- Vouloir développer son ministère

- Se sentir aimé, valorisé et sécurisé

- Bâtir de bonnes relations avec ses pairs, ses membres de famille et ses encadreurs

- Être impliqué dans l'évangélisation.

c) COMMENT EXCLURE LES ENFANTS

Les actes ci-après excluent les enfants de nos écoles de dimanche:

- La manière de nous conduire à leur égard (Exemple: le moniteur humilie un élève vu qu'il a donné une réponse non satisfaisante...)

- Le fait de ne rien attendre d'eux (Exemple: le moniteur refuse de s'intéresser à un enfant prétextant qu'il ne peut rien recevoir de lui moins encore de sa famille...)

- Le fait de ne rien pourvoir pour eux (Exemple: bonbons, biscuits, habits, livres...)

- Le favoritisme chasse les enfants (Exemple: le moniteur ne cite qu'une catégorie d'enfants pour répondre aux questions, il ne s'intéresse qu' aux enfants du pasteur, d'autres responsables de l'Eglise et des riches en négligeant ceux des démunis...).

d) LES ENFANTS ET LE SALUT

Le but de l'école de dimanche est d'aider les enfants à rencontrer Jésus - Christ et à l'accepter comme leur sauveur Personnel.

Les enfants comme les adultes ont aussi besoin d'être sauvés.

Ainsi le moniteur doit :

- Prier avec les enfants qui veulent devenir chrétiens.

- Aider l'enfant à reconnaître les péchés pour accepter Christ.

- Aider l'enfant à prier pour rencontrer son Dieu à travers la prière.

Méthodes pour amener l'enfant au salut:

1) La prière

2) La Parole de Dieu

3) La relation Homme et Dieu

4) Dire aux autres la bonté de Jésus.

e) RELATION PARENTS - ENFANTS

Dieu attend que sa volonté soit remplie dans chaque famille chrétienne. C'est aux parents de montrer aux enfants qu'ils ont part de responsabilité dans le milieu où ils vivent (Génèse 18:18).

Importance de la famille

 L'enfant est d'une famille et son éducation en dépend. Alors, quelle éducation pour nos enfants? La famille est le centre des caractères de nos enfants pour avoir des enfants équilibrés. Elle est d'une très grande importance car 1 Timothée 5:8 nous dit: "si quelqu'un n'a pas soins de siens, et principalement de ceux de sa famille, il a renié la loi, et il est pire qu'un infidèle".

Rôle des parents dans l'éducation spirituelle des enfants

Il s'agit pour les parents:

- D'enseigner leurs enfants (Deutéronome 6:7).

- De former, d'instruire les enfants selon la voie qu'ils doivent suivre (Proverbes 22:6).

- D'éduquer leurs enfants (Ephésiens 6:7).

- D'aimer leurs enfants à l'exemple de la mère de Jésus (Jean 19:25).

- D'éviter des considérations partielles des enfants. Isaac aimait Esaü et Rébecca aimait Jacob (Genèse 25:28); Israël aimait Joseph plus que les autres (Génèse 37:3-24).

- Si notre enfant se pervertit, faisons recours au Seigneur (Agar dans Génèse 21:14-20, Job 1:5; Marc 7:26).

- Comme les parents se sacrifient pour l'achat des documents pour l'évolution scolaire de leurs enfants, ils devraient aussi faire de même pour leur évolution spirituelle.

- Les enfants doivent trouver de l'amour à la maison, et les parents doivent éviter l'usage des fouets.

- Leur enseigner le salut à l'exemple de Samuel.

- Suivre la relation de l'enfant avec la société.

- Tite 2:3-5 "Une discipline parfumée d'amour dans le fond et dans la forme.

- D'éviter de faire des enfants des gardiens de maison car Dieu nous a recommandé de nous présenter devant lui avec nos enfants (Matthieu 21:15-16). Nous faisons tous les efforts pour remplir le cerveau de nos enfants avec le calcul, l'anglais, la géographie etc. Mais rien pour être chrétien.

f) COMMENT RÉAGIR FACE AUX DIFFICULTÉS QUE RENCONTRENT NOS ENFANTS?

- **Être ému:** se laisser toucher en découvrant le paysage de nos enfants, aider les enfants à gérer les dangers et les pièges de la vie, et les conduire dans un endroit sûr où ils pourront développer leur véritable identité, vivre les objectifs de Dieu et accomplir leur destinée unique.

- **Prendre conscience:** accepter la réalité de ce que vivent nos enfants sans nous voiler la face.

- **Être déterminé**: ne pas se laisser écraser par l'ampleur des problèmes, mais garder le cap.

III. STRUCTURE, ORGANISATION ET ADMINISTRATION DE L'ÉCOLE DE DIMANCHE

L'école de dimanche doit être bien structurée et mieux organisée pour conduire les enfants à la maturité spirituelle.

A) STRUCTURE

La structure du ministère auprès des enfants compte sept éléments principaux. Chaque Élément est une partie distincte qui contribue à l'ensemble, qui a une fonction spécifique dans la mise en œuvre de la stratégie.

LES BÉNÉVOLES	Les personnes qui mettent en œuvre la stratégie (encadreurs des enfants)
LE COMPLEXE	Les salles à disposition pour vos activités et où les enfants apprennent dans meilleures conditions
LES PRATIQUES, PROCESSUS ET PROCÉDURES	Les règles et directives, méthodes spécifiques et instructions étape par étape qui orientent le fonctionnement de l'équipe et la mise en œuvre de la stratégie
LA COMMUNICATION	Les moyens et messages que vous diffusez sur votre ministère
LE BUDGET	Les ressources financières disponibles pour la mise en œuvre de la stratégie

LES VALEURS DE L'ÉQUIPE	Les croyances fondamentales qui motivent votre ministère et façonnent son identité
LA DÉCLARATION DE VISION	Mettre les enfants en relation avec Dieu, avec leurs parents et leurs pairs, et leurs encadreurs

B) ORGANISATION ET ADMINISTRATION

L' école de dimanche est une branche de l'éducation chrétienne de l'Eglise. Elle est sous tutelle de celle -ci et comprend :

LA DIRECTION

La direction de l'école de dimanche doit être valablement équipée en matériels et fournitures de bureau: tables, chaises, armoires, sceau de l'école, aggraffeuses, craies, livres, manuels de formation, carnets des réunions et conférences, carnets de visite, cahier de perception, cahier de gestion du patrimoine, planches d'images, fiches d'élaboration et adaptation du programme d'enseignement, Cahiers de programme, cahiers de préparation de leçons, registres d'identification d'encadreurs et enfants, registres de présence pour enfants et encadreurs, certificats de fin d'études pour élèves et de formation pour moniteurs, recueils de chants, matériels des jeux, etc.

L'école doit avoir un directeur dont les fonctions principales sont les suivantes:

- L'organisation administrative
- L' organisation pédagogique
- L'organisation du social

Il dirige l'école et recrute avec l'Eglise les bons enseignants. À l'aide du programme, il confectionne les cours, tient les cours et les conférences; collectionne les offrandes, évalue le travail de chaque maître et fait rapport à l'éducation chrétienne de l'Eglise. Il est un dénicheur des talents et étudie le programme en rapport avec l'adaptation de son milieu.

LE CORPS ENSEIGNANT

Il est constitué d'encadreurs des enfants.

Les moniteurs doivent être mieux formés et instruits afin d'assurer une bonne pédagogie de l'école.

Ils sont de deux ordres:

- **Les moniteurs assistants:** ce sont les débutants qui, nonobstant la formation n'ont pas assez de compétence ni d'expérience pour transmettre les enseignements et assurer la gestion de leurs classes respectives. Il leur faut du temps pour s'y adapter.

- **Les moniteurs titulaires**: ils sont des enseignants les mieux expérimentés dans la pédagogie, le social, la gestion des enfants de leurs classes et des moniteurs assistants. Ils maîtrisent mieux les manuels, les programmes et les méthodes d'enseignement; et sont capables d'encadrer les moniteurs débutants. Les moniteurs titulaires sont responsables de différentes classes et transmettent leurs rapports hebdomadaires à la direction de l'école.

Il n'est pas surprenant de trouver deux ou plusieurs moniteurs titulaires par classe à l'école de dimanche. Ce titre dépend plus de la compétence que de l'ancienneté de la personne choisie.

LES CLASSES

L'école doit avoir de bons bâtiments , mieux équipés et entretenus où les élèves apprennent dans des conditions favorables. Chaque classe doit comporter un tableau noir, des frotteurs, de boîtes de craies, une table, une armoire, de bons sièges pour enfants et encadreurs, des matériels didactiques, etc.

Les enseignements dispensés aux enfants tiennent compte de leurs âges respectifs.

Ainsi, nous avons 3 catégories de classes:

1. La classe sensorielle ou classe gardienne ou classe des débutants

Elle regroupe les enfants de 3 à 5 ans.

Dans classe, l'attention est de 5 à 8 minutes. Une leçon longue devient ennuyante pour cette catégorie d'enfants.

Caractéristiques de l'enfant de 3 à 5 ans:

- Il aime toucher les objets, instruments de musique...

- Il aime le coloriage

- Il aime prier à voix haute

2. Classe des cadets

Celle-ci est la classe des scolarisés dont l'âge va de 6 à 8 ans.

 Leur attention est de 10 à 12 minutes. Les enfants de cette classe peuvent apprendre par cœur, prendre une décision pour Jésus et louer leurs bonnes actions.

3. Classe des juniors

Elle regorge les enfants de 9 à 13 ans. Leur attention atteint 30 parfois 40 voire 60 minutes.

Ces enfants sont entre deux âges dont l'enfance et l'adolescence, aiment participer aux activités en plein air et résoudre d'eux-mêmes les problèmes de la vie.

Ceux de 13 à 16 ans font partie de l' école des grands ou Jeunesse Pour Christ CADET.

Pour passer d'une classe à l'autre, l'élève obtient un bulletin attestant la passage en promotion supérieure.

À la fin de son cursus à l'école de dimanche, l'élève obtient un certificat de fin d'études avant d'intégrer la Jeunesse Pour Christ.

C) OUTILS ADMINISTRATIFS, PÉDAGOGIQUES ET DIDACTIQUES

1. Outils administratifs

- Les registres d'identification d'enfants classe par classe. Il renferme les composantes suivantes: noms de l'élève, sexe, date de naissance, année de passage en classe supérieure pour les débutants et les cadets et année d'obtention du certificat de fin d'études pour les Juniors.

- Le registre d'identification d'enfants de toute l'école selon leur famille. Celui-ci contient les rubriques ci-dessous: noms des parents, adresse, contact, noms des enfants, sexe, date de naissance.

- Les registres de présence d'élèves à l'école par classe

 - Le registre d'identification d'encadreurs d'enfants: noms, sexe, adresse, contact, état matrimonial

- Le registre de présence d'encadreurs à l'école: noms, heure d'arrivée, signature, heure de sortie, signature, observations du directeur.

- Dossiers des moniteurs: photocopies du certificat ou diplôme de formation dans le ministère auprès des enfants et du certificat de baptême ou autre document attestant la chrétienté de l'encadreur, diplôme de l'école biblique ou de théologie (peu recommandé), lettre de recommandation de l'Eglise à l'école de dimanche.

- sceau de l'école

- attestations de passage en classe supérieure pour élèves débutants et cadets

- Certificats de fin d'études pour élèves juniors

- Certificats et diplômes de formation de moniteurs

- Cahiers de programme d'enseignement pour chaque classe

- Cahier de programme d'enseignement pour toute l'école

- Carnets des réunions et conférences

- Carnets des visites

- Cahier de perception

- Cahier de gestion du patrimoine de l'école: tous les biens de l'école sont enregistrés dans ce cahier

- Cahier des prévisions de l'école

- Fiches d'élaboration et adaptation du programme d'enseignement pour chaque classe

- Cahiers de préparation de leçons par classe

2. Outils pédagogiques et didactiques

- Manuels d'enseignement d'enfants selon leurs classes respectives étant donné que ces

dernières sont fonction d'âge d'enfants

- Manuels de formation de moniteurs

- Tableaux d'enseignement

- Planches d'images

- Craies

- Frotteurs

-materiels des jeux: billes, cordes, ballon, tennis, papiers duplicateurs, autocollants,

linges, sifflet, etc.

IV. LES DIRIGEANTS DES ENFANTS

Dans chaque église la nécessité pour les encadreurs des enfants paraît toujours évidente.

<u>MONITEUR (RESPONSABLE)</u>

Le responsable est une personne qui répond d'un acte, qui a la charge d'un groupe, à qui

est confié une charge précise qu'il doit exécuter sous des contraintes définies

(temporelle, financière, matérielle) et dont il doit rendre compte.

Ainsi le moniteur est une à qui est confiée une tâche précise; celle d'amener les enfants

au Seigneur et dont il doit rendre compte à l'Etre Suprême. On ne peut donner que ce

qu'on a. C'est notre vie qui doit d'abord parler. On est ainsi mauvais éducateur si on ne

pratique pas son propre enseignement.

<u>MÉTIER DU MONITEUR</u>

Il vise l'enseignement de la parole de Dieu aux enfants. Il a deux buts:

- Amener les enfants à connaître véritablement Dieu à travers sa parole et je mettre cette

Parole en pratique dans leur vie quotidienne.

- À se connaître en tant qu'un homme. Après ce double but, ils seront sauvés (2

Timothée 3:14-17). C'est un privilège pour nous d'être les enseignants des enfants.

Les responsables des enfants travaillent comme une seule équipe et doivent être ouverts

au dialogue et avoir de l'estime pour les autres, tous sous la coordination et la

supervision d'un directeur.

NB. Ils forment une équipe de bénévoles.

LES RESPONSABILITÉS DU MONITEUR

Il a des responsabilités devant:

- Dieu: étant donné qu'il travaille pour Dieu; il doit amener les enfants à le connaître et

à le servir esprit et en vérité afin d'être de véritables héritiers du royaume des cieux.

- Les enfants: faire d'eux de véritables disciples, imitateurs de Jésus et transformateurs

du monde. La chose la plus importante à faire est d'aider les enfants dans votre classe à expérimenter l'amour de Dieu. Vous pouvez le faire en vivant votre relation personnelle avec Jésus devant eux et en leur enseignant d'avoir leur propre relation avec Dieu. Nous devons aussi enseigner aux enfants comment traiter les autres avec l'amour de Christ.

- Les parents: leur présenter des chrétiens utiles en famille et en société.

- l'Eglise: former de véritables chrétiens, fidèles serviteurs du seigneur et futurs

responsables de l'Eglise pour la pérennisation de l'annonce de la bonne nouvelle.

Les dirigeants des enfants sont établis pour servir ceux envers qui ils ont des

responsabilités.

"C'est pourquoi il importe peu même de dire quelle somme d'argent j'ai eue, quel

type de véhicule j'ai conduit, quel type d'habit j'ai porté; mais le monde se rend

mieux pour le service des enfants que j'ai effectué."

LES QUALITÉS DU MONITEUR DE L'ÉCOLE DE DIMANCHE

a) Qualités spirituelles

- Être né de nouveau (Jean 3:3, 5)

- Être appelé par Dieu (Jean 6:44; Jean 6:65)

- Aimer Dieu

- Vie en Christ (Galates 2:20)

- Prière (Matthieu 21:22; Matthieu 26:41)

- Regard au but (Marc 13:13)

- Humilité (Jacques 4:6)

- Connaissance biblique (Josué 1:8; Psaumes 119:105)

- Obéissance à Dieu et à sa parole (1 Samuel 15:22)

- Être spirituel (Jean 4:24)

- Être un excellent modèle (1 Corinthiens 11:1, Ephésiens 5:1, Philippiens 3:17)

- Faire partie de l'Eglise locale

- Avoir une vision

- Espérer de grandes choses et avoir foi en Dieu (Matthieu 21:22)

- Avoir la volonté de travailler non seulement pour Dieu, mais avec Dieu (Dépendance

à Dieu).

b) Qualités pédagogiques

- Savoir bien transmettre la matière aux enfants

- Savoir bien préparer des leçons

- Avoir la volonté d'apprendre

- Être ponctuel (arriver de préférence 30 minutes avant le début des activités avec les

enfants)

- Avoir une personnalité ferme

- Amour et respect de l'enfant

- S'adonner aux enfants

- Être actif en faisant participer tous les enfants à l'enseignement

- Connaître des enfants de son école

- Prioriser les intérêts des enfants avant ses propres intérêts.

C) Qualités techniques

- Se cultiver davantage

- Avoir l'esprit de créativité

- Être un bénévole

- Travailler en équipe

- Accepter d'être dirigé

- Être disposé à diriger

d) Qualités intellectuelles

- Savoir lire

- Savoir écrire

- Savoir mieux s'exprimer

- Avoir un bon jugement, un raisonnement logique

- Avoir un niveau intellectuel assez élevé

POINTS À GARDER À L'ESPRIT AVANT D'ORGANISER DES ÉVÉNEMENTS

- Planifiez de façon stratégique les prochaines étapes pour les participants à l'événement

- Réfléchissez de façon stratégique à la fréquence de vos événements

- Agencez vos événements de façon stratégique

- Tenez compte du fardeau: veillez à ce que le nombre d'événements n'alourdisse pas le budget.

V. LA DISCIPLINE À L'ÉCOLE DE DIMANCHE

Définition

La discipline est un ensemble de règles de conduite imposée aux membres d'une entité, collectivité, etc.pour assurer son bon fonctionnement.

La discipline diffère de la punition qui est un châtiment infligé pour une faute pour rendre pur ou corriger.

<u>Pourquoi la discipline?</u>

Parce que:

- Elle maintient l'ordre

- Elle aide à atteindre l'objectif

- Dieu l'honore

- Les choisis vivent dans la discipline

Pour maintenir la discipline, le moniteur doit:

- Planifier les choses à enseigner

- Maîtriser la matière à enseigner

- Garder le sang froid

- Aimer les enfants

- Être actif en faisant participer tous les à l'activité

- Être sensible pour l'état des enfants

- Donner les instructions avec les enfants

- Montrer l'amitié et rire avec les enfants

- Éviter toutefois une discipline tâtonnante

Ce que nous ne devons pas faire à l'école de dimanche:

- Utiliser les punitions physiques

- S'impliquer dans un conflit

- Créer une situation que l'on ne saura pas gérer

- Indexer les enfants

- Humilier, blâmer les enfants

- Donner des instructions sous forme des questions. Exemple: qui peut se taire? , qui peut soulever le banc?, etc.

TECHNIQUES PRATIQUES POUR MAINTENIR LA DISCIPLINE

Quatre méthodes utilisées pour le maintien de la discipline:

- **ÉQUIPES:** diviser les enfants en équipes pour maintenir une bonne discipline

- **VOIX:** les enfants ne suivent pas celui qui crie tout le temps ou qui parle à voix très basse.

- **EXERCICE:** dire aux enfants de sauter 10 fois, d'être débout sur une seule jambe pendant deux minutes, d'agiter les bras...

- **PARTICIPATION:** faire participer tous les enfants à l'enseignement.

NB. La discipline de l'enfant commence par l'autodiscipline de l'adulte.

LES ÉLÈVES, LEURS COMPORTEMENTS ET LE MONITEUR

1. Comprenez vos Élèves et permettez un comportement norrmal.

- Les enfants sont actifs et curieux

- Ils ne sont pas des adultes en miniature: nous devons toujours faire la différence entre le mauvais comportement et l'immaturité.

2. Créez une atmosphère qui encourage les bons comportements.

- Faites savoir aux enfants que vous les appréciez et que vous les aimez.

- Montrez de l'intérêt à ce qui peut leur arriver en dehors de la classe.

- Soyez organisé dans la façon que vous avez de gérer les élèves.

- Donner des directives claires et cohérentes, faites savoir aux élèves ce que vous attendez d'eux.

- Ne faites pas de favoritisme.

3. Reconnaissez votre position en tant qu'enseignant.

- Soyez en charge de votre classe.

- Soyez la figure d'autorité que les élèves vont suivre.

- Soyez leur ami.

- Expliquez-leur ce que l'on attend d'eux et donnez-leur les bons exemples.

4. Utilisez des méthodes qui vont impliquer les enfants et capter leur attention.

- Soyez préparé et soyez en classe avant n'importe quel enfant.

- Donnez des activités variées qui seront appropriées pour l'âge de vos élèves.

- Utilisez des activités qui captent leur intérêt et leurs capacités.

- Permettez aux enfants de choisir certaines des activités.

5. Se focaliser sur les comportements positifs

- Limitez le nombre de règles

- Quand vous corrigez un enfant, discutez-en avec ses parents, son tuteur, ou la personne responsable pour lui.

QUE FERIEZ-VOUS SI UN ENFANT SE COMPORTE MAL?

1. Trouver la cause du problème.

- L'enfant a-t-il des problèmes apprentissage ou médicaux qui l'empêchent de participer en classe?

- Essaye-t-il de contrôler la classe?

- A-t-il un talent académique et donc s'ennuie-t-il avec la classe?

- Lorsque vous connaissez la cause du problème, vous pourrez peut-être le corriger après avoir discuté avec les parents de l'enfant.

2. Prendre le contrôle de la situation.

- Ignorez le comportement qui n'interrompt pas la classe.

- Inclure l'enfant dans les activités d'apprentissage

- Laissez-le voir que vous avez remarqué sa mauvaise conduite.

- Approchez-vous de l'enfant de manière douce.

- Dites à l'enfant, calmement, ce que vous attendez de lui.

- Apprenez aux élèves les conséquences d'une mauvaise conduite continue

3. Parlez aux parents ou à la personne responsable de l'enfant.

- Si vous saviez que vous devriez le plus souvent discuter avec ses parents ou tuteur, faites-le, ne remettez pas à demain.

-Commencez par dire aux parents ce que vous appréciez chez leur enfant.

-Présentez le problème et demandez – leur comment ils comptent résoudre le problème.

VI. LA PROTECTION DE L'ENFANT

La protection de l'enfant a pour objectif de prévenir et de répondre à l'exploitation, aux abus, à la négligence et la violence à l'encontre des enfants. Elle fait partie intégrante de la convention relative aux droits de l'enfant et de la stratégie de développement durable. La protection de l'enfant est universelle: elle s'adresse à tous les enfants, partout dans le monde, des pays à faible revenu aux pays à revenu élevé. En RDC, la loi n°09/001 du 10 Janvier 2009 "portant protection de l'enfance et la version révisée du code de la famille de 2016 fixent le cadre juridique à respecter par les services de protection de l'enfance.

<u>Définition de l'enfant</u>

L'article 2 de la Loi portant protection de l'enfance définit l'enfant comme: «Toute personne de moins de 18 ans".

L'article 4 de la Loi portant protection de l'enfant dispose que les enfants ont des droits égaux devant la Loi et ont droit à une égale protection et ne peuvent pas être sujets des inégalités; l'enfant, ainsi défini, a le droit d'exprimer son opinion sur toute question l'intéressant et son opinion doit être prise en considération nonobstant son âge et son degré de maturité.

Les enfants ont besoin de la protection parce que:

- Ils sont vulnérables et nécessitent des adultes pour prendre soin d'eux

- Ils n'ont pas assez de pouvoir pour éviter le danger

- Il y a des gens qui leur font mal.

Les Églises doivent s'intéresser à la protection des enfants parce que:

- La Bible et Jésus lui-même leur accordent une grande valeur (Marc 10: 13-16)

- Nous sommes le sel et la lumière du monde (Matthieu 5:13-14)

- L'Eglise ouvre les portes pour recevoir tout le monde

- Les enfants sont membres de l'Eglise d'aujourd'hui et futurs responsables de l'Eglise de demain.

LA POLITIQUE DE PROTECTION DE L'ENFANT

Elle est un ensemble de stratégies visant à protéger l'enfant et regorge les efforts fournis pour assurer la sécurité de l'enfant. Elle détermine qu'il a une grande importance. Cette politique concerne toutes les personnes de l'Eglise et tous les départements. Elle définit les différentes formes d'abus.

Selon l'article 41 de la constitution de la RDC, un enfant est toute personne qui n'a pas encore atteint 18 ans.

ABUS DE L'ENFANT

C'est une maltraitance de l'enfant. Il s'agit de tout comportement ou acte délibéré qui constitue qui constitue une menace pour la santé, la survie, le bien-être et le développement de l'enfant.

Types d'abus:

- **Abus physique**: désigne toute atteinte à l'intégrité physique de l'enfant. Exemple: taper, brûler...

- **Abus émotionnel**: le fait de maltraiter émotionnellement l'enfant. Les enfants ne reçoivent pas d'affection dans cette forme. Exemple: accuser un enfant de sorcier...

- **Abus sexuel:** lorsque les adultes utilisent les enfants à des fins sexuelles. Exemple: marier une fille de moins de 18 ans.

- **Négligence envers les enfants:** il y a négligence lorsque les parents d'un enfant ou la personne adulte qui en a la garde manque de façon persistante, de pourvoir convenablement aux besoins fondamentaux d'un enfant alors qu'ils en ont la capacité. Il existe plusieurs formes de négligence, à savoir: la négligence physique, médicale, émotionnelle et éducationnelle.

- **Exploitation des enfants:** elle désigne l'utilisation des enfants pour l'avantage, la satisfaction ou le profit économique ou sexuel (le) d'une autre personne, donnant souvent à un traitement injuste, cruel et préjudiciable à l'enfant.

- **Travail des enfants:** il désigne tout travail non rémunéré ou rémunéré qui est mentalement, physiquement, émotionnellement, socialement ou moralement dangereux et nuisible pour les enfants. C'est le genre de travail qui entrave le développement et l'éducation scolaire des enfants.

Signes d'abus et de négligence chez un enfant

Type	Signes
Violence Physique	-Blessures fréquentes ou ecchymoses, zébrures, coupures inexpliquées - Est toujours méfiant et sur la défensive, comme s'il s'attendait à ce que quelque chose de mal se produise - Les blessures ont le même schéma, tel que des marques de la main ou d'une ceinture. -Evite les contacts physiques, tressaille au moindre geste brusque, ou semble avoir peur de rentrer à la maison -Semble être effrayé à la vue des parents ou du responsable -Porte des vêtements inappropriés pour cacher des blessures, tels que des chemises à manches longues même quand il fait chaud

Violence émotionnelle	- Est excessivement effacé, craintif ou anxieux de commettre une faute - A des comportements extrêmes (docile à l'extrême ou extrêmement exigeant; extrêmement passif ou extrêmement agressif) - Est sur la défensive, timide ou excessivement dépendant - Utilise un langage grossier et des insultes - Ne semble pas attaché à ses parents ou à la personne qui prend soin de lui -Agit de manière étonnamment adulte (prend soin des autres enfants) ou de manière étonnamment infantile (se berce, suce son pouce, pique des colères) - Accuse un retard de croissance physique ou émotionnelle A tenté de se suicider
Abus sexuel	- A tenté de se suicider -A de la difficulté à marcher ou à s'asseoir - Mouille son lit ou fait des cauchemars - Fait montre de connaissance ou d'intérêt pour des gestes sexuels inappropriés pour son âge, ou peut même

	avoir un comportement séducteur
	- Fait de grands efforts pour éviter une personne précise sans raison apparente
	- Ne veut pas se changer devant les autres ou participer à des activités physiques
	- A une IST ou est enceinte, particulièrement avant l'âge de 14 ans
	- Fait des fugues
Négligence	- A des vêtements qui ne lui vont pas, sont sales ou ne sont pas appropriés pour le temps qu'il fait
	- Mendie ou vole de l'argent ou de la nourriture
	- Mauvaise hygiène constante (ne se lave pas, a les cheveux constamment sales et hirsutes, sent mauvais)
	- Maladies et blessures non soignées.
	- Ne reçoit pas les soins médicaux, dentaires et vaccinaux nécessaires.
	- Est souvent laissé sans surveillance ou seul, ou est autorisé à jouer dans des situations et des endroits dangereux
	-Est fréquemment en retard ou absent de l'école

DEUXIÈME PARTIE:

L'ENSEIGNEMENT DES ENFANTS

I. PRÉPARATION DE LA LEÇON

1) Étude du texte

a) Connaissance parfaite du sujet

b) Lecture attentive du texte

c) Situer le texte dans son contexte

d) Mettre en ordre les idées ou les événements du texte étudié

e) Étude détaillée du texte

f) Faire un choix: choisir l'essentiel à dire

2) Adaptation aux enfants

3) Préparation des travaux

L'éducateur doit prévoir au moment de sa préparation:

- Le cadre liturgique (programme de la leçon)

- Les cantiques à chanter

- Le texte à mémoriser

- Les questions à poser

- Les travaux à effectuer

4) Préparation du matériel nécessaire à la leçon

5) Organisation du groupe

Disposer les enfants de manière à ce que personne n'échappe à notre vue.

6) Préparation spirituelle

L'éducateur chrétien ne peut enseigner s'il ne se place préalablement devant celui qui est

le Véritable Éducateur. Dans notre préparation personnelle, nous devons nous réserver

un temps de silence, de recueillement, d'intercession afin de tout remettre à celui qui a

tout pour et toute science.

NB. Gardez à l'esprit que les enfants d'âges différents ont des capacités différentes.

Un voyage pour conduire les enfants vers la santé spirituelle. Valoir MUTOMBO MONGA

N'hésitez pas à adapter les activités, les questions de discussion et l'histoire biblique afin que les enfants comprennent ce que vous essayez d'enseigner. Utilisez les capacités de vos enfants, par exemple s'ils savent lire, qu'ils lisent quelques versets de l'histoire biblique; laissez-les vous aider à organiser des activités et à nettoyer la zone de classe. Ce livre est conçu pour tous les groupes d'enfants car il contient des activités. Par conséquent, vous devez lire la leçon et appliquer son contenu en fonction de l'âge de vos élèves. Vérifiez, s'il sera nécessaire d'apporter du matériel supplémentaire pour la classe.

<u>**MODELE D'UNE FICHE DE PREPARATION DE LA LEÇON**</u>

N°:

DATE:

HEURE:

THEME:

SUJET:

PASSAGE(S) BIBLIQUE(S):

REFERENCE: Ecrire l'intitulé du livre et la page de la leçon

INTRODUCTION	
Révision	Mettre les questions à poser aux enfants …………………………………………
Chant	Ecrire le titre de la chanson à apprendre aux enfants………………………………
Prière ➢ Méthode : mentionner la méthode à utiliser	
DÉVELOPPEMENT OU CORPS DU MESSAGE	
Verset biblique	Ecrire le verset………………………… …………..
➢ Méthode: à mentionner	Ecrire l'essentiel de la leçon……………….. ………
Histoire ou **récit biblique** ➢ Méthode : mentionner la méthode à utiliser:	
Questions de discussion ou jeu con	

cours	Ecrire les questions à poser aux enfants …………………………………….
➢ **Méthode**: mentionner la méthode à utiliser	
Jeu de fiche de révision (peut ou ne pas apparaître)	
Point d'intérêt pédagogique	Ecrire le point que les enfants peuvent retenir de la leçon et mettre en application dans leur vie
Jeu	Ecrire l'intitulé du jeu à passer avec les enfants

Il. LES ACTIVITÉS D'ENSEIGNEMENT DES ENFANTS

1. Révision ou rappel

Il s'agit d'un moment favorable pour réviser la leçon précédente d'une manière plaisante

et encourageante.

2. Chant

C'est une chanson relative à la leçon du jour que l'on apprend aux enfants.

3. Prière

Une étape importante pour mettre les enfants en communication avec leur Dieu.

4. Verset à mémoriser ou verset biblique

Il est inclus pour aider les enfants à retenir un verset relatif à la leçon.

5. Histoire ou récit biblique

L'histoire du jour à apprendre aux enfants et dont ils doivent tirer une leçon importante à

mettre en pratique dans leur vie.

6. Jeu de fiche de révision

La révision est essentielle à la mémorisation des histoires par les élèves. À chaque leçon les enfants apprennent des gestes des mains correspondant à chaque histoire pour les aider à s'en souvenir.

7. Questions de discussion ou jeu concours

Les questions servent à réviser, clarifier et souligner le thème de l'histoire.

8. Activité ou jeu

Le jeu sert à connecter les enfants de manière cinétique à l'histoire et au thème discutés.

9. Point d'intérêt pédagogique

Il s'agit du point essentiel que les enfants retiendront de la leçon et mettront en application dans leur vie.

Il n'est pas surprenant de rencontrer dans certaines écoles les activités telles que:

- La lecture à haute voix

- La motivation

- La révision du défi: le partage des expériences avec les enfants sur la mise en pratique de la leçon apprise dernièrement.

- Le défi de la vie: un devoir donné aux enfants afin de mettre en pratique la leçon apprise.

MÉTHODES POUR ENSEIGNER LE RÉCIT BIBLIQUE

- Les images

Tracez des dessins pour montrer aux enfants lorsque vous racontez le récit biblique.

Vous pouvez dessiner sur papiers ou au tableau, ou utiliser le le livre.

Condition: les matériels doivent être préparés bien avant leur utilisation.

- Un petit groupe d'enfants

Un petit groupe d'enfants illustre le récit sous forme de drame au moment où vous racontez.

- Différents mots

Vous racontez le récit, et chaque fois que les enfants écoutent les mots spécifiques, ils font des actions spécifiques que vous leur avez déjà montrées. Tout comme vous pouvez, en narrant l'histoire, écrire au tableau les mots spécifiques de l'histoire.

- Actions

Vous racontez le récit, et avec les enfants, faîtes des gestes qui montrent ce qui arrive dans le récit.

- Travail en groupe ou tous ensemble

Divisez les enfants en groupes avec un rôle particulier par groupe. Maintenant, racontez le récit et les différents groupes font ce que vous leur montrez de faire

NB. Le moniteur lui-même reste le matériel par excellence.

MÉTHODES POUR ENSEIGNER LE VERSET BIBLIQUE

1. Puzzle: Écrivez le verset à mémoriser sur un morceau de papier (papier de construction, papier journal, etc.). Utilisez un marqueur épais pour dessiner des formes autour des mots. Découpez les formes. Demandez aux enfants de reconstituer les forms pour créer le couplet.

2. Effacer un mot: si vous disposez d'un tableau noir ou blanc, écrivez les mots du verset dessus.

Demandez aux enfants de lire le verset. Puis laissez un enfant effacer un mot. La classe doit alors relire le verset, en se rappelant de dire le mot qui a été effacé. Permettez à un autre enfant d'effacer le mot suivant. Continuez à faire cela jusqu'à ce que le verset soit complètement effacé.

2. Soyez un mot: attribuez à chaque enfant un mot ou une courte phrase du verset à mémoriser.

Après avoir récité le verset plusieurs fois ensemble, demandez aux enfants de s'aligner dans l'ordre où le mot qui leur a été attribué se situe dans le verset. Ils doivent dire leur mot ou phrase l'un après l'autre, complétant ainsi le verset.

3. Allons-y: demandez aux enfants de se tenir debout, répéter lentement puis rapidement le verset.

4. Jusqu'au bout: répétez le verset jusqu'à la fin, sautez les mots en commençant par la fin et les enfants complètent.

5. Faire l'écho pour apprendre: subdivisez les enfants en deux groupes dont l'un répète une partie du verset et l'autre une autre partie. À la fin, tous répètent ensemble tout le verset.

6. Méli-mélo: on écrit un verset sur un papier coupé en morceaux et on demande à un enfant de le reconstituer.

7. Gestes de mémoire: répétez le verset avec les gestes jusqu'à ce qu'il soit mémorisé.

8. Tableau noir: commencez avec le verset entier écrit au tableau. Enlevez progressivement des mots, en demandant aux élèves de remplir les blancs de mémoire. Continuez ce processus jusqu'à ce que le verset entier puisse être récité sans les mots.

9. Deux couleurs: écrivez le verset au tableau en utilisant deux couleurs différentes, scindez la classe en deux groupes dont l'un répète une couleur et l'autre une autre. À la fin toute la classe répète le verset entier.

10. Réciter un verset

11. Chant: apprenez le verset aux enfants sous forme d'une chanson existante déjà ou une chanson composée par le moniteur.

12. Cordes à linges: écrivez le verset sur des linges à attacher progressivement à la corde selon que les enfants retiennent et à détacher progressivement jusqu'à ce qu'ils retiennent tout le verset sans linges à la corde.

13. Élévation de la voix

14. Variation des tons

15. Jeu de ballon: les enfants sont en cercle, le moniteur jette le ballon à un enfant qui récite une partie du verset ainsi de suite avec les autres enfants jusqu'à ce qu'ils retiennent tout le verset.

16. Jeu de chaise: répétez le verset entier avec tous les enfants puis choisissez 2, 3 ou 4 enfants qui passent devant, placez un nombre de chaises inférieur au nombre d'enfants. Ils répètent le verset en tournant autour des chaises. Lorsque vous sifflez, ils s'asseyent et celui qui sera resté debout sera éliminé; réduire progressivement les chaises jusqu'à obtenir un seul enfant assis sur la chaise.

17. Différents groupes: subdivisez les élèves en plusieurs groupes. chaque groupe répète le verset entier de manière à concurrencer les autres groupes.

18. Jeu de rythme: répétez le verset à un rythme de musique bien choisi.

19. Lettres manquantes: écrivez le verset au tableau noir et escamotez un ou deux mots que les enfants compléteront pour donner l' exactitude du verset à mémoriser.

20. Objets: choisissez les objets pouvant mieux illustrer le verset et apprenez-en aux enfants. Exemple: présentez aux enfants une bougie allumée pour apprendre **Jean 8:12"** Je suis la lumière du monde; celui qui me suit ne marchera pas dans les ténèbres, mais il aura la lumière de la vie."

MÉTHODES POUR POSER DES QUESTIONS

a) Les boîtes

Placez les boîtes numérotées. Divisez le groupe en deux équipes. Posez alternativement les questions. À une réponse correcte, les membres de l'équipe viennent et essayent de renverser une boîte avec une bille, un petit ballon ou un caillou.

b) Du trésor

Dessinez une carte et placez des noms de différents endroits où l'on pourrait trouver un trésor caché. Écrivez également les noms de ces endroits sur de petits morceaux de papier. Au début du jeu, sélectionnez une des cartes (ne montrez pas aux enfants) et celle-ci devient le lieu du trésor. Divisez les enfants en équipes, posez des questions alternativement. Chaque équipe qui donne une réponse correcte peut devenir le lieu où l'on a caché le trésor. L'équipe gagnante est celle qui trouve la première le trésor.

c) Je prends, je donne

Écrivez sur de petits morceaux de papier des côtes différentes précédées chacune de la mention **"je prends" ou "je donne".** Divisez les enfants en deux équipes. Posez alternativement des questions. À une réponse correcte, un membre de l'équipe passe et choisit un morceau de papier. Si la mention est **"je prends"** c'est-à- dire la côte leur revient, et si la mention est **"je donne"**, c'est-à-dire la côte sera donnée à l'équipe adverse. L'équipe gagnante est celle qui a la plus grande côte.

d) Encouragement

Applaudir pour l'enfant qui a bien répondu, lui dire très bien, félicitations, courage, lui donner un bonbon, un biscuit, etc.

e) Le numéro et la côte

Écrire des numéros sur de petits morceaux de papier et les côtes correspondant aux différents numéros sur un papier détenu par le moniteur. Diviser les enfants en équipes, poser des questions alternativement. À une réponse correcte, un membre de l'équipe passe et choisit un morceau de papier. Et le moniteur lit la côte correspondant au numéro choisi. L'équipe gagnante est celle qui a la plus grande côte.

f) Vrai ou Faux

Posez aux enfants des questions et ils répondent par vrai ou soit par faux.

MÉTHODES POUR PRIER AVEC LES ENFANTS

a) Prière du Seigneur (Notre Père)

Si les enfants connaissent cette prière, répétez-la avec eux. S'ils ne la connaissent pas, vous pouvez la lire et à la fin, ils diront " Amen".

b) Tourner en rond

Chaque coin de la salle porte un sujet de prière. Les enfants marchent et à chaque coin, ils prient pour les sujets trouvés.

c) Le jeu de ballon

Les enfants débout dans un cercle. Jetez le ballon, l'enfant qui reçoit le ballon prie pour un sujet donné. C'est mieux d'avoir apprêté d'avance une liste de sujets de prière.

d) Tous ensemble

Tous les enfants prient ensemble pendant un temps minime.

e) Prier en marchant

f) La main

Chaque doigt constitue une requête.

g) La Parole de Dieu

Choisissez un verset biblique, le comprendre puis l'analyser.

Exemple: Psaumes 23:1" l'Éternel est mon berger, je ne manquerai de rien".

h) Le jeu de mots

Choisissez des mots pour débuter la prière, par exemple: Père, je te remercie pour...; ou Dieu, tu es... Les enfants doivent réfléchir pour trouver comment continuer la prière.

I) Dé

Fabriquez un dé qui porte différents sujets de prière. Les enfants jettent le dé et ils prient pour le sujet qui apparaît.

j) Cantique

Utilisez un cantique de louange comme une prière d'amour et d'adoration de Dieu.

NB. Toujours rassurer les enfants que Dieu a exaucé la prière et qu'il faut lui dire merci.

1. Le faiseur de pluie

Répartissez les enfants en 3 à 4 groupes, là où ils sont assis. Expliquez-leur que, pour que le jeu marche, ils doivent se tenir complètent tranquilles et vous regarder pendant que vous leur dîtes ce qu'ils doivent faire. Pointez du doigt vers le côté gauche et dîtes – leur de se frotter les mains en silence. Ensuite, faîtes de même avec le prochain groupe, ainsi de suite, jusqu'à ce que tous les enfants se frottent les mains en silence. Une fois Que le dernier fait comme les autres, tournez- vous vers le premier groupe et dîtes-leur de claquer des doigts, puis faîtes de même avec le prochain groupe et ainsi de suite. Puis faîtes - leur taper des mains sur leurs jambes, puis taper des pieds, et ensuite faîtes - leur claquer des doigts à nouveau et, finalement, se frotter les mains en silence (**le jugement, le déluge).**

2. Faire confiance au chef

Choisissez un enfant pour être le chef. Faîtes aligner les autres derrière le chef. Chacun place ses mains sur les épaules de l'enfant qui le précède. Tous les enfants, sauf le chef, ferment les yeux. Le chef mène tout le monde en file autour de la salle. Tous les enfants doivent faire confiance au chef et à la personne devant eux pour qu'ils leur évitent de se cogner dans un obstacle. Si votre groupe est grand, créez plusieurs files d'enfants, chacune avec son propre chef qui s'efforcera d'éviter que sa file ne rentre dans une autre file (**la puissance de Dieu).**

3. Bouge si

Dîtes aux enfants: "bougez si ". Exemples:

«Bougez vers la droite en deux sauts si vous portez un vêtement vert", " bougez d'un pas en arrière si votre anniversaire est ce mois-ci". Ensuite, quand vous aurez crié: " retour", chacun devra courir vers sa place d'origine. À la fin de ce jeu, les enfants se tiendront loin de là où ils auront commencé.(**La puissance de Dieu)**

4. Asseyez-vous

 Dîtes aux enfants de se mettre tous débout. Dîtes - leur de s'asseoir seulement quand un exposé les décrit. Une fois assis, ils doivent rester assis.

Demandez-leur d'être honnêtes. Si vous avez des difficultés parce que la plupart ne s'asseyent pas, donnez- leur des descriptions générales. Par exemple: «asseyez-vous si vous avez moins de 8 ans, si vous avez un collier, si vous avez un frère."

Jouez jusqu'à ce qu'un seul enfant reste debout **(la prophétie accomplie, la connaissance de Jésus).**

5. Charades

Choisissez un élève pour jouer le rôle d'un des personnages de l'histoire d'aujourd'hui. L'élève n'a pas le droit de parler, seulement d'agir. Quand quelqu'un d'autre devine le rôle que l'élève joue, celui qui a deviné correctement prend sa place et joue le rôle d'un autre personnage **(la puissance de Dieu).**

6. Les actes purs et les actes immurs

Enoncez quelque chose de mauvais que les enfants   font parfois (par exemple: « les enfants disent parfois des mensonges »). Puis dites: «   cela est impur. » Ensuite, indiquez quelqu'un dans le cercle que vous aurez formé avec les enfants. Celui-là doit se lever et énoncer quelque chose de bon que les enfants font. Ensuite, il dira: « cela est pur. » continuez jusqu'à ce que tout le monde soit debout. Si vous avez un grand groupe, divisez la salle en 4 sections et répartissez les enfants en petits groupes avec chacun un chef **(être pur).**

7. Passez le pain

Prenez un objet doux et jetez-le au groupe. Dites aux enfants de se passer l'objet jusqu'à ce que vous disiez d'arrêter. Celui qui tient l'objet quand vous dites stop est éliminé. Pour des plus petits groupes, les enfants peuvent s'asseoir en cercle et passer l'objet dans un sens jusqu'à ce que vous disiez stop. Pour un grand groupe, utilisez plusieurs objets à passer **(la pitié, l'entraide, Dieu nous prend en charge).**

8.Assis, debout

Dites aux enfants de se trouver un partenaire. Ensuite, ils doivent se tenir dos à dos et entrelacer leurs bras tout en restant debout. L'objectif du jeu est de s'asseoir, puis de se relever tout en gardant les bras entrelacés avec ceux du partenaire. La première équipe de deux à se relever est la gagnante **(le sacrifice, l'entraide).**

9. Sécurité

Choisissez un endroit et appelez-le zone de sécurité. Sélectionnez un élève pour garder l'entrée de la zone de sécurité. Les enfants qui veulent entre dans la zone de sécurité doivent vous dire une chose que Jésus a dite ou faite. Chaque enfant qui réussit à le faire est autorisé à entrer dans la zone de sécurité. S'il y a beaucoup d'enfants, vous pouvez diviser leur groupe en plusieurs équipes **(la foi, le ciel).**

10. Nombres et musique

Ecrire un numéro à chaque coin de la salle. Jouer la musique. Pendant que l'on joue la musique, les enfants dansent. Lorsqu'on arrête la musique, les enfants courent vers un coin numéroté de leur choix. Le dirigeant ou un enfant plus âgé, voilé au visage, cite un numéro et chaque enfant debout au coin portant le numéro cité est éliminé du jeu. **(faire des choix)**

11.Fais ceci / fais cela

Répéter chaque fois « fais ceci » ou « fais cela » tout en faisant plusieurs actions variées. Si vous dites « fais ceci » les enfants imitent vos actions et vos gestes et si vous dites « fais cela » les enfants ne doivent pas vous imiter, autrement ils sont éliminés du jeu. **(Obéissance, être attentif, choisir de faire ce qui est juste)**

12. Sourire en série

Tout le monde debout dans un cercle. Une personne sourit et enlève le sourire à l'aide de sa main et « jette »le sourire à la suivante qui le sait, l'affiche à son visage par sa main avant de le lancer à une autre personne et le jeu se poursuit. **(Les sentiments, la joie)**

13. Grand sourire

Le but est de déterminer le sourire le plus large. Aligner les volontaires. Leur demander d'afficher sur leur visage un sourire. Mesurer chaque sourire avec une latte et la personne ayant affiché le sourire le plus large est applaudie. On lui demande de le démontrer devant tous. **(Les sentiments, la joie)**

14. Groupe à compter

Chacunestassissur le sol. Citez un chiffre au hasard et les joueurs se regroupent selon le nombre ou le chiffre cité. Le joueur de trop dans un groupe ou hors du groupe est éliminé. Le jeu s'arrête lorsqu'il ne reste que deux joueurs. **(L'appartenance, la colère, les frustrations)**

15.Le sifflet

Les enfants suivent les instructions du sifflet. 1 coup de sifflet-allez: avancez /devant, 2 coups: reculez, 3 coups: sautez sur place, 4 coups: asseyez-vous. **(Suivre les instructions, obéissance, être attentif)**

16. Des fruits

Chacun est assis dans un rond sur le sol ou sur une chaise. Chacun reçoit le nom d'un fruit, comme par exemple : ananas, pomme, mangue, banane, citron, etc. citer un fruit et tous ceux qui portent le nom cité se lèvent et changent de place. La dernière personne à s'asseoir est éliminée. (Si l'on a joué avec les chaises, retirer chaque fois une chaise). Lorsque le dirigeant dit: « des fruits », tout le monde se lève et change de place. **(Les fruits de l'Esprit)**

17. Jeu de corde

Deux équipes rangées à chaque bout d'une corde. A un signal donné, chaque équipe tire la corde vers sa direction avec autant de force qu'elle peut. **(La force, le travail d'ensemble)**

18. Chaud et froid

Les enfants assis dans un cercle. Un enfant sort de la salle. Pendant ce temps un autre enfant cache un objet. L'enfant qui était sorti revient et marche à l'intérieur du cercle. Il essaie de découvrir l'enfant qui a l'objet caché. Les enfants aident celui-là en faisant des actions pour marquer la chaleur lorsqu'on s'éloigne de l'objet caché. Abandonner après 3 tentatives. **(L'église de Laodicée, Apocalypse 3:15, témoignage, ne pas cacher notre salut)**

19. Boire de l'eau

Choisir 6 enfants et leur donner à chacun une tasse d'eau. A un signal donné, les 6 enfants courent jusqu'au bout de la salle. Ils s'agenouillent, placent la tasse entre les dents et les mains derrière le dos. Ils boivent l'eau de la tasse et courent vers le dirigeant du jeu. Le premier à rentrer est le gagnant. **(L'eau de vie)**

20. 1, 2, 3 Eléphant

Les enfants assis dans un cercle. Le dirigeant se met debout au milieu, désigne un enfant et dit 1, 2, 3 tu es un éléphant. Cet enfant fait ses mains comme une trompe d'éléphant. Les enfants à côté de lui forment des oreilles d'éléphant. Le dernier des trois à exécuter les gestes est hors-jeu. **(Travail en équipe, être attentif)**

21. Le commandant dit

Jeu semblable à « Simon dit ». Donner des instructions suivantes. Les enfants obéissent uniquement lorsque l'instruction est précédée de « le commandant dit » Attention (les enfants se lèvent pour prêter attention) Salut Repos Marche rapide Marche lente (les enfants vous saluent) (les enfants se lèvent, bras derrière) (sur le pas) (Sur le pas) **(Obéissance, l'armée de Dieu, être attentif)**

22. Changement de décor

Un enfant quitte la salle. En son absence, des changements s'opèrent dans la salle, comme par exemple, un ou deux enfants changent de place ou une table est déplacée. L'enfant qui revient dans la salle doit identifier le changement intervenu. **(La création, le changement de cœur, le salut)**

23. Chuchoter

Chuchoter un message à l'oreille d'un enfant qui, à son tour, répète le message à son voisin, ainsi de suite. Le premier et le dernier enfant disent le message qu'ils ont entendu. **(Être à l'écoute, prier)**

24. Le berger et les brebis

Voiler le visage de deux enfants. Puis les appeler pendant que vous vous déplacez dans la salle (faire attention afin de ne pas les conduire à un danger). Ils doivent suivre votre voix afin de vous retrouver et le gagnant est celui qui vous joint le premier. **(Jésus le bon berger, suivre Dieu, écouter Dieu)**

25. La bouteille

Chacun est assis dans un cercle. Faire tourner sur le sol une bouteille et appeler un enfant. Cet enfant doit courir et toucher la bouteille avant qu'elle ne s'arrête. S'il ne réussit pas, il est éliminé du jeu. **(Appelés par Dieu, connus de Dieu; écouter et obéir)**

26. Quelle heure est-il ?

Les enfants crient: « quelle heure est-il? » vous répondez qu'il est temps, par exemple de sauter, de danser, de taper les mains, etc. Les enfants font ces actions jusqu'à ce que vous leviez les bras. Ils arrêtent et demandent: « quelle heure est-il? » ceci continue jusqu'à ce que vous répondiez « priez » et tous les enfants s'asseyent par terre. Le dernier enfant à s'asseoir est éliminé du jeu. **(La prière, le temps de Dieu)**

27. Feux de signalisation

Les enfants prétendent conduire des voitures dans la salle pendant que vous citez les couleurs de feu de signalisation. Le dernier enfant à faire l'action appropriée ou qui commet une faute est éliminé. Rouge: Vert: Orange: les enfants s'arrêtent les enfants partent les enfants s'asseyent **(Suivre les instructions, la direction de Dieu)**

28. Direction

Chaque coin de la salle porte un nom, comme par exemple: Nord, Sud, Est, Ouest ou Hôpital, Ecole, Eglise, Marché. Citer un nom et les enfants courent dans le coin cité. Le dernier à arriver là ou qui va ailleurs est éliminé. **(Suivre les instructions, la direction de Dieu)**

29. Accroupis

Pendant que la musique se joue, les enfants dansent. Dès que la musique s'arrête, ils se mettent accroupis. Le dernier à se mettre en cette position est éliminé du jeu. **(Être attentif)**

30. Dans l'eau / sur la terre

Tracer une ligne le long de la salle. L'un des côtés est l'eau tandis que l'autre coté est la terre. Tous les enfants se mettent debout d'un côté et sautent du coté qui est chaque fois cité. (Des récits bibliques comme la traversée de la mer rouge)

31. Baa mouton Baa

Enfants assis dans un cercle. On voile le visage d'un enfant. On lui demande de tourner sur place plusieurs fois, afin de le désorienter. Ensuite il pénètre dans le cercle et s'assied sur les jambes de quelqu'un. Il dit « Baa mouton Baa » et le voilé doit deviner de quel enfant il s'agit. **(Jésus le bon berger, Dieu nous connait par notre nom)**

32. Jeu de plateau

Placer 20 objets ou plus sur un plateau. Les enfants ont deux minutes pour enregistrer de mémoire ce qu'ils voient. Puis retirer le plateau et chacun doit se rappeler ce qu'il a vu. **(Se rappeler, Dieu nous connait)**

33. Trouve le dirigeant

Les enfants assis dans un cercle. On fait sortir un enfant et un dirigeant est choisi. Le dirigeant fait des actions variées que le reste des enfants imitent. L'enfant rentre et se met au milieu du cercle et essaie de deviner celui qui dirige les actions. **(Suivre Dieu)**

34. Simon dit

Dire aux enfants de faire ce que vous leur demandez. Précéder vos dires avec la mention « Simon dit ». Si vous énoncez directement l'action ou le geste sans cette mention, ils doivent s'abstenir de faire ce que vous dites. **(Écouter, suivre Dieu)**

35. Cruches

Remplir quelques cruches des effets. Les enfants doivent estimer combien il y a dans les cruches. **(Dieu nous connait entièrement)**

36. Au suivant Chacun est assis dans un cercle.

Quelqu'un commence à faire une action assez simple, comme par exemple, taper les mains. La personne à sa gauche répète l'action et ajoute une nouvelle action. La personne suivante répète les deux actions en y ajoutant la sienne et le jeu continue. Lorsqu'une erreur est commise, on est hors-jeu, ou alors on introduit une nouvelle séquence et le jeu continue. **(Travailler ensemble, le souvenir, commettre des fautes)**

37. Jeu de gargarisation

Choisir des enfants qui se mettent debout devant les autres, chacun tenant une tasse d'eau. Leur demander de gargariser et celui qui dure longtemps est le vainqueur. **(la joie)**

38. Chanter avec l'eau

Choisir 6 enfants qui savent gargariser. Chacun a un tour pour le faire en chantant un cantique. **(Pousser des cris de joie à l'Eternel)**

39. Course à reculons

Composer des équipes de 2 membres. Ils se tiennent debout dos à dos, et bras liés. A un signal donné, ils courent d'un coin à l'autre d'une salle, l'un devant, l'autre derrière à reculons. A l'arrivée, on change de rôle pour rentrer au point de départ. Variété du jeu: Demander aux enfants assis sur le sol de commencer par se lever tout en étant dos à dos et bras liés ou leur demander de courir de côté par le flanc. **(Travail d'équipe, s'entraider)**

40. Sac d'habits

Diviser les enfants en équipes. Désigner pour chaque équipe un membre qui se met debout sur la ligne d'arrivée et à côté de lui un sac de vêtements. Les membres de l'équipe se mettent à l'autre bout de la salle. A un signal donné, un membre de chaque équipe court droit devant son co-équipier, retire du sac un habit et l'en revêt avant de rentrer vite rejoindre les membres de son équipe. Dès qu'il les a rejoints, un autre membre accourt et fait la même chose. Le jeu continue jusqu'à ce qu'une équipe ait terminé d'habiller son co-équipier avec tous les habits du sac. **(Changement de cœur, nouvelle création)**

41. Carton d'habits

Tout le monde est assis dans un cercle. Pendant que l'on joue la musique, un habit circule des mains en mains. Dès que la musique s'arrête, celui qui tient l'habit est obligé de retirer du carton un autre habit qu'il porte sur lui. **(Changement de cœur, nouvelle création)**

42. Les genoux

Faire sortir de la salle 3 enfants. Choisir 6 autres qui viennent et font une ligne devant en montrant leurs genoux. Ensuite, appeler les 3 enfants sortis, ayant le visage voilé. Chacun à tour de rôle doit deviner grâce au toucher, à qui appartiennent les genoux qu'il est en train de palper. **(Connus de Dieu, nous sommes tous unique)**

III. APRÈS AVOIR ENSEIGNÉ

Les visites

Il est important d'établir des liens entre les moniteurs et les parents de l'enfant dont il s'occupe. Les moniteurs doivent organiser des visites pour évangéliser les familles, mettre les parents devant leur responsabilité, établir le lien entre les parents et l'enfant.

<u>CONCLUSION</u>

Nous sommes à une génération de la disparition du christianisme. Si nous échouons dans notre mission de transmettre la Parole de Dieu à la prochaine génération, c'est un échec considérable.

Profitons de l'occasion que Dieu nous a offerte pour mieux faire son œuvre. Ce manuel est un guide tant pédagogique que didactique important pour le moniteur de l'école de dimanche.

Du reste, nous vous souhaitons un bon usage!

L'auteur.

RÉFÉRENCES

1. Steve Adams(2019): Un ministère motivé par l'essentiel auprès des enfants

2. La joie d'enseigner la parole de Dieu

3. 17 histoires : guide pédagogique

4.Ligue pour la Lecture de la Bible : manuel de formation du moniteur

5. Église NAZARÉEN AFRIQUE (2020): leçons d'école du dimanche pour enfants

6. www.SDMIresources.mesoamericaregion.org

7. UNICEF (2022): Notions de base de la protection de l'enfance

8. Child Abuse and Neglect: « Recognizing and Preventing Child Abuse, »

www.helpguide.org/mental/child_abuse_physical_emotional_sexual_neglect.htm;, and

from Steinitz L.

9. "The Way We Care: A Guide for Managers of Programs Serving Vulnerable Children

and Youth; Arlington, VA: Family Health International; 2009.

10.Onésime KANGOMBA(2022): GUIDE PRATIQUE DES DROITS DES

ENFANTS ET ELEVES

11. UNICEF (2021) Protection de l'Enfance en RDC.

12. Sainte Bible Louis Segond révisée, 1910.

Table des matières

Printed by Books on Demand GmbH, Norderstedt / Germany